BEI GRIN MACHT SICH IHR WISSEN BEZAHLT

Lea Lorena Jerns

Diagnostik, Rückmeldung und Evaluation

Klausurvorbereitung in Stichpunkten

GRIN Verlag

Bibliografische Information der Deutschen Nationalbibliothek:

Die Deutsche Bibliothek verzeichnet diese Publikation in der Deutschen National-
bibliografie; detaillierte bibliografische Daten sind im Internet über http://dnb.d-
nb.de/ abrufbar.

Impressum:

Copyright © 2014 GRIN Verlag GmbH
Druck und Bindung: Books on Demand GmbH, Norderstedt Germany
ISBN: 978-3-656-72998-3

Dieses Buch bei GRIN:

http://www.grin.com/de/e-book/279219/diagnostik-rueckmeldung-und-evaluation

GRIN - Your knowledge has value

Der GRIN Verlag publiziert seit 1998 wissenschaftliche Arbeiten von Studenten, Hochschullehrern und anderen Akademikern als eBook und gedrucktes Buch. Die Verlagswebsite www.grin.com ist die ideale Plattform zur Veröffentlichung von Hausarbeiten, Abschlussarbeiten, wissenschaftlichen Aufsätzen, Dissertationen und Fachbüchern.

Besuchen Sie uns im Internet:

http://www.grin.com/

http://www.facebook.com/grincom

http://www.twitter.com/grin_com

L-M2: Diagnostik, Rückmeldung und Evaluation

1. **Diagnostik:**

- Definition Diagnose: Die Bewertung einer Person, indem man systematisch Informationen über diese sammelt und aufbereitet und durch ein vorgegebenes Klassifikationssystem.

- Ziel von pädagogisch-psychologischer Diagnostik:
  Im Hinblick auf die Pädagogik dient die Diagnostik der Optimierung des pädagogischen Handelns (sie ist eine Entscheidungsgrundlage).

- Ziel von leistungsbezogener Diagnostik:
  Das individuelle Lernen soll optimiert werden durch
  - die Analyse von Lernprozessen
  - die Feststellung von Lernergebnissen
  - die Ermittlung der Voraussetzungen und Bedingungen, die ein ein Schüler im Hinblick aufs Lernen erbringen sollte

- Zentrale Entscheidungsbereiche der pädagogisch-psychologischen Diagnostik:
  - **Selektion** durch Schullaufbahnentscheidungen
    (Welche Schulform ist angemessen?, Sollte ein Kind von der Einschulung zurückgestellt werden?)
  - **Placement** durch Interventionsentscheidungen
    (Besteht eine Lese-Rechtschreibschwäche, die zu behandeln ist?, Liegt eine Hochbegabung vor, auf die reagiert werden sollte?)
  - Erfassung von Lern- und Entwicklungsumwelten
    (Wie schätzen die Schüler das Schul- oder Klassenklima?)
  - Überwachung des Lernverlaufs und kontinuierliche Einschätzung der Lernergebnisse

- Selektionsdiagnostik vs. Modifikationsdiagnostik:
  Die diagnostischen Strategien nach Pawlik:
  - **Selektionsdiagnostik**
    Ziel: die Auswahl (einer geeigneten Lernumwelt für eine Person z.B.: die passende Schulform), Klassifikation und Platzierung von Personen

- **Modifikationsdiagnostik**

  Ziel: Entscheidungen über die Maßnahmen zur Veränderung der Person treffen (Herstellung einer spezifisch geeigneten Umwelt für eine Person, z.B.: spezifische Lernhilfen und Beratungsangebote)

- Statusdiagnostik vs. Prozessdiagnostik:
  - **Statusdiagnostik**

    Sie soll den **Zustand** einer Person bzw. deren Aspekte des Verhaltens und Erlebens (die für die pädagogische Entscheidung relevant sind) erfassen.

    Die Statusdiagnostik wird als Voraussetzung für Selektionsentscheidungen genutzt.

    Das Zustandsmerkmal der Person ist vergleichsweise stabil.

    Statusdiagnostik am Ende eines Treatments = summative Diagnostik

  - **Prozessdiagnostik**

    Sie soll die **Veränderung** einer Person (im Hinblick auf die Aspekte des Verhaltens und Erlebens, die für die pädagogische Entscheidung relevant sind) erfassen.

    Die Prozessdiagnostik wird als Voraussetzung für Entscheidungen im im Rahmen einer Modifikationsstrategie genutzt.

    Das Merkmal lässt sich in überschaubaren Zeiträumen verändern.

    Prozessdiagnostik im Verlauf des Treatments = formative Diagnostik

2. **Funktionen der Leistungsbeurteilung:**
   a) Pädagogisch-didaktische Funktionen (Optimierung von Lehr-Lernprozessen)
      - **Informationsfunktion** (den erreichten Lernstand selber realistisch einschätzen)
      - **Lehr-Lern-Diagnose** (Die Diagnose des aktuellen Lernstands wird als Basis für die weitere Planung und Gestaltung von Lehr-Lernprozessen genutzt)
   b) Gesellschaftliche, politische und schulorganisatorische Funktionen
      - **Selektionsfunktion** (optimale Platzierung befähigter Anwärter auf bestimmte Positionen und Laufbahnen)
      - **Sozialisierungsfunktion** (die Vorbereitung nachwachsender Generationen auf die leistungsorientierte Gesellschaft)

- **Kontrollfunktion** (Überwachung der Resultate von Bildungsprozessen durch Lehrer, Schulen und Schulsystemen)

3. **Grundbegriffe:**

- Variable: (wird auch Konstrukt genannt)
  ist das Merkmal oder die Eigenschaft eines Objektes oder einer Person, welche in mindestens zwei verschiede Arten auftreten kann:
  - direkt beobachtbare Variablen (= **manifeste Variablen**), z.b.: Größe oder Geschlecht
  - nicht-direkt beobachtbare Variablen (= **latente Variablen**), z.b.: Intelligenz und Zufriedenheit

  Die Merkmale die wir messen wollen, liegen beobachtbaren Verhalten zugrunde: Beispiel
  - die gute Leistung in einer Klausur als Indikator für sprachliche oder mathematischen Kompetenz
  - wenn man regelmäßig seine Hausaufgaben erledigt und/oder regelmäßig im Unterricht mitarbeitet ist es ein Indikator für Disziplin und/oder Leistungsbereitschaft

→ Beispiel zu einer Variable

Die Sprachkompetenz ist zum Beispiel unsere **Variable** und hat folgende **Dimensionen**: Wortschatz, Hörverstehen, Grammatik. Die sogenannten **Items** erklären die **Dimensionen** näher, d.h. im Hinblick auf den Wortschatz wäre ein **Item** zum Beispiel „Das Kind verwendet eine Vielfalt von Wörtern" oder im Hinblick auf die Grammatik „Das Kind verwendet komplexe fehlerfreie Sätze".

- Item:
  Items sind die Grundbausteine eines Tests oder eines Messverfahrens. Items sind die Reize, auf die Personen reagieren sollen. Items können zum Beispiel auditiv, visuell oder Kombinationen davon sein.
  Die Art der zu registrierenden Reaktion kann sein:
  - schriftliche oder mündliche Äußerungen
  - Zeichnungen
  - kreuze in einem Fragebogen
  - Mimik und Gestik

- Messen:

  Verschiedenen Stufen, Größen oder Variablen werden Zahlenwerte zugeordnet.

  (Zuordnung von Zahlen zu Objekten)

- Operationalisierung:

  Erfassung einer abstrakten/theoretischen Variable anhand eines konkret messbaren

  Merkmals

  Beispiel: Mathematischen Begabung kann zum Beispiel anhand der erreichten

  Punktzahl in einem mathematischen Kompetenztest oder anhand der

  Halbjahresnote in Mathe festgestellt werden

- Test:

  Ist ein Verfahren, was die Ausprägung einer Variable erfasst (z.B.: Intelligenztest).

  Ein Test besteht aus einer Reihe von **Items**.

  Ein Test untersucht Persönlichkeitsmerkmale und möchte eine möglichst genaue

  Auskunft im Hinblick auf die individuelle Merkmalsausprägung geben.

4. Statistische Grundlagen:

- Skalenniveaus:

  Das Skalenniveau (siehe die 4 Skalen weiter unten) wird dadurch ermittelt,

  inwiefern die Aussagen über die Messobjekte (z.B.: ist der Schüler intelligent, so

  ist er in allen Fächern gut) und die Aussagen über die zugeordneten Zahlen (in

  welcher Relation steht die Aussage von oben (gleich(es stimmt)/ungleich

  (Intelligenz nur auf bestimmte Fächer bezogen))).

  - unterschiedliche Skalenniveaus:

    → Nominalskala   (gleich/ungleich?)

                                (ja oder nein)

    (Die Zuordnung muss eindeutig sein, z.B.: Herkunftsland,

    Studienfach, Geschlecht, Postleitzahl, Muttersprache der

    der Kinder, Familienstand)

    → Ordinal-, Rangskala   (kleiner/größer?)

                                (nicht alles gleich)

    (Abstände zwischen verschiedenen Rangplätzen sind nicht

    gleich, z.B.: Rangplätze bei Sportwettbewerben,

    Ziffern- und Schulnoten, Schulabschlüsse wie HS, MSA,

    GY, Politiker (höherer Wert, umso beliebterer der Politiker))

    → Intervallskala   (Abstand?)

(Beispiele: Temperatur Celsius/Fahrenheit, Kalenderzeit, IQ)

→ Verhältnis-, Proportionalsskala/metrisch (Verhältnisse?)

(Beispiele: Längenmessung und Gewichtsmessung,

Intelligenzquotient, Einkommen in Euro, Zahl gelöster

Aufgaben im Vokabeltest)

- Wovon hängt das Skalenniveau ab?

→ vom untersuchten Merkmal selbst (Das Geschlecht kann zum

Beispiel nur der Nominalskala zugeordnet werden)

→ von der Operationalisierung (Feststellung) des Merkmals (die

Schulleistung lässt sich zum Beispiel unterschiedlich erfassen):

a) „sitzen geblieben" vs. „nicht sitzengeblieben"   = nominal

b) Schulnoten   = ordinal

c) erreichte Punktzahl in einer Klausur   = metrisch

Punkte entsprechen Noten

- Maßen der zentralen Tendenz (Modus, Median, Arithmetisches Mittel(=
Mittelwert)):

- **Modalwert/Modus**:

→ Der in einer Verteilung am häufigsten vorkommende Wert

→ geht bei Nominalskala nicht

- **Median**:

→ halbiert eine Verteilung in zwei Hälfte

→ geht nur bei Intervallskala und Verhältnis-, Proportionalskala

(metrisch)

→ bei gerader Fallzahl (zum Beispiel 16, 18 oder 20 Schüler) ist

der Median gleich dem Mittelwert

- **Mittelwert**:

→ Durchschnittswert einer Verteilung (zum Beispiel Summe der

Punkte geteilt durch die Anzahl der Schüler) (Man teilt die Summe

aller Werte durch die Anzahl aller Werte)

→ geht nur bei Verhältnis-, Proportionalskala (metrisch)

- Verteilungen:

- Normalverteilung:

Bedeutet, dass Merkmale sowie Kennwerte annähernd normalverteilt sind

(X-Achse = Merkmalsausprägung, Y-Achse = Häufigkeit)
- Eigenschaften der Normalverteilung:
    - die Verteilung ist wie ein Hügel (Glocke)
    - die Verteilung ist symmetrisch
    - Modalwert, Median und Mittelwert fallen zusammen
    - der Strich vom Hügel berührt nie die X-Achse (Verteilung nähert
      sich asymptotisch der X-Achse)
- Stichprobe und Grundgesamtheit:
    - **Grundgesamtheit** (Population) sind alle potenziell untersuchbare
      Personen oder Objekte die ein gemeinsames Merkmal oder
      Merkmalsmuster aufweisen (z.B.: alle Grundschüler und
      Grundschülerinnen in Deutschland, alle 8-jährigen Kinder in Berlin).
      Man beschreibt die Grundgesamtheit mit Hilfe des Mittelwertes (μ)
      und der Standardabweichung (σ). Es handelt sich um Parameter.
    - **Stichprobe:** Teilmenge von Grundgesamtheit (z.B.: 500 Schüler und
      Schülerinnen aus Grundschulen in Deutschland).
      Beschreibung anhand von Mittelwert (X mit Querstrich drüber,
      Standardabweichung s)
- Lineartransformationen:
    - Standardnormalverteilung (z-Verteilung): alle Normalverteilungen lassen sich
      in eine einheitliche Verteilung, die Standardnormalverteilung, umwandeln.
      Dieser Vorgang nennt sich z-Transformation. Die Standardnormalverteilung
      hat den Mittelwert 0 und die Standardabweichung 1. Die Standardnormal-
      verteilung spielt beim vereinheitlichen von Tests und bei der
      Interpretation von Testergebnissen einzelner Personen eine entscheidende
      Rolle.
      Da die Standardnormalverteilung die Streuung = 1, handelt es sich bei
      z-Werten um Einheiten der Standardabweichung. (Beispiel: Ein z = 1,29
      bedeutet, dass der Messwert der jeweiligen Person 1,29 Standardab-
      weichungen über dem Mittelwert liegt.)
    - Umwandlung in IQ-Werte: Kennwerte der IQ-Skala:
        - Mittelwert = 100
        - Standardabweichung = 15
      Bei der Umwandlung von Rohwerten in IQ-Werte handelt es sich um eine

lineare Transformation.

- Umwandlung in T-Werte: T-Werte werden häufig für die Normierung von standardisierten Schulleistungstests verwendet. Kennwerte der T-Skala:

  - Mittelwert = 50
  - Standardabweichung = 10

  Bei der Umwandlung von Rohwerten in T-Werte handelt es sich um eine lineare Transformation.

- **Streudiagramm:** Die Verteilung zweier metrischer Variablen können durch ein Streudiagramm grafisch dargestellt werden. (z.B.: Welche Note wird bei einer Klausur erwartet? 3! → Mittelwert; Andere erreichbare Noten , wie z.b. 1 und 2 sowie 4 und 5 und 6 entsprechen der Streuung bzw. Standardabweichung! → Standardabweichung)

  Wenn die Pünktchen im Streudiagramm doll zusammen liegen bedeutet das z.b. eine angenehme Arbeitsatmosphäre, liegen sie weit auseinander gilt das Gegenteil.

  Korrelation = beschreibt den Zusammenhang bzw. die Beziehung zwischen zwei Variablen/Merkmalen.

  Korrelationskoeffizient/-wert (r): r ist ein Effektmaß (ob etwas einen kleinen, mittleren oder großen Effekt hat)

  - $r = 1$ perfekter Zusammenhang zwischen den Merkmalen

    (beide Merkmale steigen, je mehr desto mehr)

  - $r = -1$ schlechtester Zusammenhang (ein Merkmal sinkt eins steigt, je mehr desto weniger)

  - $r = 0$ kein Zusammenhang

  „Correlation does not imply causation"!

- Egal wie die Korrelation zwischen den Variablen ist, diese werden sich nie gegenseitig beeinflussen können

- Die Höhe des Korrelationskoeffizienten (wie groß r ist) ist nicht von der Wahl der Metrik für die Variablen abhängig (bei Metrik hätten die Variablen immer einen gleichgroßen Abstand)

5. **Gütekriterien für diagnostische Verfahren:**

   (alles, was mit messen zu tun hat, z.B. Leistung oder Motivation)

   Hauptgütekriterien: (sind unabdingbar und sollte jeder Test erfüllen)

- **Hauptgütekriterium Objektivität**
    - Ein Test muss objektiv sein, sonst ist er ungültig
    - Eine Person muss sich objektiv verhalten, sonst ist der Test ungültig
    - wenn etwas nicht objektiv ist, haben alle Kriterien die danach kommen auch keinen Sinn mehr, d.h. man muss sie gar nicht erst untersuchen
    - es gibt drei Arten der Objektivität:
        a) Durchführungsobjektivität
        - die Durchführung einer diagnostischen Untersuchung darf nicht von Untersucher zu Untersucher variieren.
        - die Durchführungsobjektivität wird zum Beispiel gewährleistet durch:
            - konstante Rahmenbedingungen z.b. während eines Tests (gleiche Bearbeitungszeiten, gleiche Instruktion, gleiche Hilfestellungen, gleiche Störeinflüsse wie z.b. Lernablenkung, Unterbrechung, Tageszeit/Ermüdung, Lichtverhältnisse)
            - keine Bevorzugung oder Benachteiligung von Personen oder Personengruppen bei der Durchführung des Tests
            - Testdurchführung z.b. mit Hilfe von Computern
            - Reduktion der sozialen Interaktion auf ein Minimum
            - den Aufgabentyp im Test (z.B. die Formulierung von Aufgaben vor dem eigentlichen Test üben bzw. erwähnt haben)
        - die Durchführungsobjektivität ist bei Interviews und mündlichen Leistungen eingeschränkt
    - *Wie lässt sich bei einer mündlichen Prüfung die Objektivität gewährleisten?*
    - Leas Antworten:
        - durch einen einheitlichen Zeitrahmen
        - indem man Protokoll führt
        - gleiche Fragen werden verwendet
        - es gibt mindestens zwei Prüfer
        - die Art der Hilfestellung wird festgelegt (nachfragen)
        - Temperatur, Licht und Lautstärke sind gleich bzw. ideal

b) Auswertungsobjektivität

- der selbe Testleister muss unabhängig vom Auswerter der selbe Punktwert zugeordnet werden
- die Auswertungsobjektivität wird zum Beispiel gewährleistet durch:
    - klare Auswertungsregeln für offene Antworten
    - Auswertungsschablonen bei richtig/falsch oder Multiple-Choice-Aufgaben
    - die Prüfung der Übereinstimmung der Auswertungserbenissen von unabhängigen Bewertern
    - durch eine computergesteuerten Testauswertung
- die Auswertungsobjektivität ist z.b. bei offenen Antworten und ganzheitlichen Leistungen (z.b. Aufsatz oder Referat) eingeschränkt

- *Wie könnte man die Auswertungobjektivität bei Klassenarbeiten gewährleisten und überprüfen?*
- Leas Antworten:
    - durch einen Erwartungshorizont
    - beim Korrigieren nicht auf die Namen der Schüler schauen
    - durch einen Zweitkorrekteur

c) Interpretationsobjektivität

- aus den gleichen ausgewerteten Ergebnissen sollten unabhängig vom Auswerter die gleichen diagnostischen Schlüsse gezogen werden (mehrere Personen werden mit dem gleichen Maßstab kontrolliert)
- die Interpretationsobjektivität wird zum Beispiel gewährleistet durch:
    - Normwerte bei standardisierten Tests
    - eindeutige Benotungsmodelle bei Klassenarbeiten
    - kriterielle Standards

- *Hauptgütekriterium Reliabilität*
    - die Reliabilität ist die Zuverlässigkeit eines Messverfahrens bzw. die Präzision und die Genauigkeit der Messung unabhängig davon, was tatsächlich gemessen wird

- je höher die Reliabilität desto besser die Testzuverlässigkeit
- anhand der Reliabilität wird der Messfehler bestimmt (ab ca. $r = 0,80 =$ gute Reliabilität, ab ca. $r = 0,90 =$ sehr gute Reliabilität) (wiederholte Messungen liefern ein genaueres Ergebnis ab, als eine große Messung)
- je größer die Anzahl der Items desto reliabler ist der Test (je mehr Items es also gibt desto größer ist die Reliabilität und desto mehr wird der Standardmessfehler reduziert)
- Standardmessfehler (SE) (jede Messung ist messfehlerbehaftet, $T =$ true score, $E =$ Error → Messfehler)
- Messfehler ist eine Zufallsvariable und ist immer unsystematisch
- unsystematische Messfehler: diese sind eine durch Ungenauigkeit des Tests bedingte Abweichung zwischen gezeigter und wahrer Leistungsfähigkeit
- Konfidenzintervall/Vertrauensintervall (bestimmter Bereich wird angeschaut Beispiel: Punkte von 0-100; Wie viele Schüler bzw. wie hoch ist die Wahrscheinlichkeit, dass der Bereich von 83-97 Punkten erreicht wird)
- Vertrauensintervall: Das VI gibt an in welchem Messbereich das wahre Leistungsvermögen einer Person mit einer gewissen Irrtumswahrscheinlichkeit liegt (jede Messung stellt als nur eine Annäherung an den wahren Wert, also eine Schätzung, dar)
- je unzuverlässiger der Test ist desto breiter ist das VI
- es gibt 4 Arten der Reliabilität:

    a) Wiederholungsreliabilität
- mehrfache Testung mit derselben Testform
- gibt Auskunft über die Stabilität der gemessenen Leistungen
- Probleme:
  - Erinnerungs-, Übungseffekte

    b) Paralleltestreliabilität
- mehrfache Testung mit parallelformen eines Test (A und B Klausuren, die gleichzeitig stattfinden)
- gibt Auskunft darüber inwieweit die beiden Paralleltest gleichwertig sind
- Problem:
  - die Konstruktion ist sehr aufwendig aber nützlich zur Vermeidung von Abschreiben

c) Split-half-Reliabilität
- einmalige Testvorgabe
- Aufteilung des Test in zwei Testhälften (z.B. gerade vs.
ungerade Aufgabennummern bzw. erste vs. zweite Testhälfte)

d) innere Konsistenz
- gibt Auskunft über die Homogenität eines Tests
- einmalige Testvorgabe
- Verwendung ist sinnvoll wenn alle Items eines Test das gleiche
Merkmal messen sollen

- *Hauptgütekriterium Validität*
  - Validität = Gültigkeit
  - die Validität fragt nach Folgendem:
  Testet mein Test auch wirklich das was ich testen möchte?
      - die Validität ist das wichtigste Gütekriterium, ist allerdings auch am
      schwierigsten zu überprüfen
      - die Validität lässt sich nicht anhand eines einzelnen Kennwerts
      beschreiben, sie ist ein Prozess
  - es gibt drei Arten der Validität:
      a) Inhaltsvalidität
        - der Test bzw. die Testaufgaben stellen selbst das wichtigste
        Kriterium für die Gültigkeit des Merkmals, welches von
        Interesse ist, dar (z.B. sind auch Anwendungsfragen dabei?,
        andere Lehrkräfte mit einbeziehen und fragen)
        - Inhaltsvalidität kann mit Hilfe von Expertemratings belegt
        werden (die Experten beurteilen die Aufgaben hinsichtlich
        ihrer Eignung)
        - hohe Inhaltsvalidität sollten z.B. Schulleistungstests,
        Klassenarbeiten, etc. haben, die sich primär dem Lehrplan
        orientieren
        - ein Experte prüft den Test – ob er passt und ok ist per
        Augenschein
      b) Kriteriumsvalidität
        - wird auch als empirische Validität bezeichnet
        - es werden grundsätzlich korrelative Zusammenhänge zwischen

der Testleistung und mit anderen Verfahren erhobene Daten (Kriterien) betrachtet → es sollte eine positive Korrelation entstehen
- es gibt eine **innere/intern** und **äußere/extern** Kriteriumsvalidität
- **inneres Kriterium** = ein Test mit gleicher Methode bzw. mit gleichem Instrument, z.b. ein schriftliches Testverfahren
- **äußeres Kriterium** = eine mit einem anderen Verfahren erhobenes Merkmal (z.b. Einschätzung der Leistung durch Lehrkräfte)
- es gibt eine **konvergente** und eine **divergente** Kriteriumsvalidität
- **konvergent** = gleicher Merkmalsbereich (die unterschiedlichen Leistungen der Schüler bei einem Test sollten in einem Zusammenhang stehen/korrelieren)
- **divergent** = anderer Merkmalsbereich
- es gibt eine **prognostische** und eine **konkurrente** Kriteriumsvalidität
- **konkurrent** = zeitgleich erhobenes Kriterium (gleichzeitig eingesetzte Verfahren)
- **prognostisch** = eines zu einem späteren Zeitpunkt erhobenes Kriterium (in der Zukunft)

c) Konstruktvalidität (sollte eigentlich eine Ebene höher sein als die anderen beiden Kriterien sein, da die Konstruktvalidität die anderen beiden mit umfasst)
- Ziel: die theoretische und auf Tatsachen beruhende Erklärung dessen, was der Test erfasst
- es gibt keinen exakten Koeffizienten für die Konstruktvalidität
- komplexe Beweisführung mit Einbezug aller Informationen, misst der Test das Merkmal das ich messen möchte?

- *Hauptgütekriterium Normierung*
    - man braucht ein Bezugssystem um Testwerte einzusortieren (z.B. Testergebnis = 10 → 10 **was?!**)
    - ohne eine geeignete Normierung sind Testwerte schlecht interpretierbar

- das Bezugssystem kann sich auf unterschiedliche Vergleichsebenen beziehen:

    a) individuelle Bezugsnorm (frühere Leistungen)

    Bestimmt Inhalte und Organisationsformen

        - man vergleicht die momentane Leistung mit der früheren
          Leistung und bewertet diese

        - sie ist vor allem im Unterricht und im Gespräch mit den
          einzelnen Schülern anzuwenden

    b) kriteriale Bezugsnorm (= Lehr- Lernziele, Bildungsstandards)

    Bestimmt alle Niveauanforderungen

    **(die kriteriale BN erhält eine Schlüsselrolle: erst wenn Lernziele
vorliegen lassen sich Leistungen sinnvoll relativ zum Durchschnitt
und im individuellen Längsschnitt betrachten)**

        - die Basis bilden inhaltlich beschriebene Standards wie z.B.
          Lehrpläne und Bildungsstandards

        - die Bewertung einer individuellen Leistung im Hinblick auf
          ein externes objektives Kriterium

        - ist ein Leistungsvergleich im zeitlichen Querschnitt

    c) soziale Bezugsnorm (repräsentative Vergleichsgruppe)

    Ist die grundsätzliche Legitimation der Anforderungssituationen

        - bei Leistungstests wird häufig die soziale Bezugsnorm
          angewendet

        - ist die Bewertung einer individuellen Leistung im Hinblick
          auf die Leistung einer Referenzgruppe

        - ist ein Leistungsvergleich im zeitlichen Querschnitt

- *Beispiel, welches alle drei BN beinhaltet:*

*Schüler steigert sich in Mathe von ungenügend auf mangelhaft. Dies
sollte durchaus ein Grund zur Freude sein (**individuelle BN**). Der
Schüler sollte aber auch eine gesunde Selbsteinschätzung haben und
ihm sollte klar sein, dass die meisten anderen Schüler zurzeit bessere
Leistungen als er erzielen (**soziale BN**). Der Schüler sollte wissen,
dass er noch einiges lernen muss um das für die Versetzung
notwendige ausreichend zu schaffen (**kriteriale BN**).*

- Referenzpopulation (ist eine Personengruppe, für die das Verfahren konzipiert ist)

  - Normierungsstichprobe: Gruppe von Personen, die repräsentativ für die
    Referenzpopulation ist und die zur Gewinnung von Normwerten getestet wird

  - die Referenzpopulation dient zur Ermittlung von Vergleichskennwerten

- **Abschließende Zusammenfassung:**

  Woran erkennt man einen „guten" Test?

  Antwort:

  Objektivität liegt über 90 (0,90)

  Reliabilität ab 80 (0,80)

  Validität ab 60 (0,60)

  Ein Test der nicht objektiv ist, ist nicht reliabel. Ein Test der nicht reliabel ist, ist
  nicht valide.

Nebengütekriterien: (müssen nicht unbedingt erfüllt werden)

- *Ökonomie*

  Ein Test ist ökonomisch, wenn der Verbrauch von z.b. Zeit und Material in einem
  sinnvollen Verhältnis im Hinblick auf den diagnostischen Informationsgewinn
  steht.

- *Zumutbarkeit*

  Ist das Ausmaß, in dem ein Test eine Testperson in zeitlicher, psychischer sowie
  körperlicher Hinsicht beansprucht.

- *Vergleichbarkeit/Fairness*

  Im Hinblick auf das Ausmaß der systematischen Benachteiligung bestimmter
  Testpersonen.

  - **differenzielle Validität:** Betrifft die spezifische Validität für unterschiedliche
  Subgruppen (z.b. dürfte ein Mathematiktest der nur aus Textaufgaben besteht bei
  Schülerinnen und Schüler mit und ohne Leseschwäche Unterschiedliches erfassen)
  - wenn ein Test bestimmte Teilgruppen systematisch benachteiligt ist dieser Test
  differenziell valide
  - das Beispielbild mit dem Baum, Elefanten, Affen, Fisch etc. ist kein valides
  Verfahren, da alle Tiere einen anderen Lebensraum haben, Elefant z.B. muss nicht
  auf den Baum kommen zum Überleben, aber nur auf den Affen bezogen (wer
  kommt schneller auf den Baum?) wäre es valide.

- *Unverfälschbarkeit*

  Ein Testverfahren erfüllt dieses Kriterium, wenn das Verfahren so konstruiert ist, dass die Testperson die Ergebnisse ihrer Testwerte nicht durch gezieltes Testverhalten verzerren kann.

- *(praktische) Nützlichkeit*

  Ein Test ist nützlich wenn er ein sinnvolles Merkmal misst.

6. Arten der Leistungsüberprüfung und Bewertung:

a) *Formelle und informelle Testverfahren*

- **formelle Tests:** (= standardisierte Tests)
  - systematische Auswahl von Aufgaben
  - Überprüfung der Testgütekriterien (zumindest Reliabilität)
  - häufig an großen Stichproben normiert
  - hohes Maß an Standardisierung im Hinblick auf die Testdurchführung, Testauswertung und Interpretation

- **informelle Tests:**
  - sind selbst entwickelte Verfahren von Pädagogen in der Schulpraxis (von Lehrer entwickelt, z.B.: Klassenarbeit)
  - die Gütekriterien bleiben meist ungeprüft
  - sind nicht normiert
  - sind unterrichtsnah und direkt auf das Lehr- Lernziel bezogen
  - sind nicht aufwendig
  - können Kompetenzen prüfen und erfassen

- Tests mit sozialer Bezugsnorm
  - ermöglichen die Beurteilung individueller Testleistungen im Vergleich mit Testleistungen einer Referenzpopulation/der Allgemeinheit (über-, unter,- oder durchschnittliche Merkmalsausprägungen/Leistungen)

- Test mit kriterialer Bezugsnorm
  - Ein Test ist kriteriumsorientiert wenn er so konstruiert ist, dass er Messwerte liefert die direkt in Bezug auf einen spezifizierten Leistungsstandard interpretierbar sind. Leistungsstandards werden dadurch spezifiziert, dass eine Klasse oder ein Gebiet von Aufgaben definiert wird die Schüler lösen können sollten
  - **Im Fokus steht nicht der Vergleich sondern ob eine bestimmte Person ein bestimmtes Kriterium erreicht hat oder nicht (z.B.: kleines 1x1 erlernt)**

- Beispiele für folgende Schultests (hochstandardisiert, Bewertung erfolgt über sozialen Vergleich)
  1. Formell-soziale BN (Intelligenztests, Persönlichkeitstests)
  2. Formell-kriteriale BN
  3. Informell-soziale BN (Sportfest (um die Wette rennen))
  4. Informell-kriteriale BN (z.B. Vokabeltest, wenn so und so viele gewusst wurden, gibt es die und die Note)

b) *Standardisierte Leistungstests*
- veröffentlichte Testverfahren zur Erfassung von grundlegenden schulischen Leistungen
- Test im Rahmen von internationalen Schulleistungsstudien
- Tests auf Grundlage der Bildungsstandards

Standardisierte Testverfahren

1) **Leistungstests**
   - erfassen Kompetenzen
   - als Individualtestverfahren für eine differenzierte Einschätzung des Leistungsniveaus einer einzelnen Person
   - als Gruppentestverfahren für die Erfassung des Leistungsniveaus von Gruppen
   - werden unterteilt in:
     - Powertests: Die Erfassung des Kompetenzniveaus erfolgt **ohne Zeitdruck** bei der Aufgabenbearbeitung
     - Speedtests: Die Erfassung des Kompetenzniveaus erfolgt **unter Zeitdruck** bei der Aufgabenbearbeitung (in der Regel durch eine größere Anzahl an Aufgaben als in der angesetzten Zeit bearbeitet werden können)

2) **Persönlichkeitstests**
   - sind normierte Tests zur Individualdiagnose von Eigenschaften, Motiven, Interessen, Einstellungen, etc.
   - objektive Beurteilungsmaßstäbe im Sinne von richtig und falsch liegen nicht vor (Aufgaben können also nicht objektiv richtig oder falsch sein)

3) **Gegenüberstellung von Leistungstests (1) und Persönlichkeitstests (2)**
   Gemeinsamkeiten:
   - standardisierte Erhebung und Auswertung

- ein Vergleich mit der Referenzgruppe, um die Ausprägung des jeweiligen
   Merkmals zu bestimmen, ist möglich

Unterschiede:
- der Leistungstest gibt eine direkte Auskunft wohingegen beim
   Persönlichkeitstest die Indikatoren verbale Beschreibungen sind
- ein Leistungstest ist objektiv richtig oder falsch wohingegen ein
   Persönlichkeitstest nicht eindeutig richtig oder falsch, sondern
   Ausprägungen beschreibt

- **Entwicklung eines formellen Tests in 7 Schritten**
   1. Analyse des Konstrukts
   2. Generierung von Testaufgaben (erfolgt durch Lehrer)
   3. Vorerprobung   **→ Itemgüte-**
      (funktionieren die Aufgaben qualitativ?,   **Kriterien**
      Sind sie auf Plausibilität geprüft?)
   4. Pilotierung an einer Stichprobe
      (Man kann eine statistische Analyse durchführen
      → zu schwere Aufgaben fliegen raus)
   5. Aufgabenanalyse
   6. Testanalyse   **→ Testgüte-**
   7. Testnormierung   **Kriterien**

7. **Arten der Leistungsüberprüfungen im Unterricht:**
   a) Konzipieren einer schriftlichen Prüfung
      - es gibt drei Grundsetze bezüglich des Inhalts und der Form der Prüfung
         1) *Grundsatz der Bedeutsamkeit*
            - bedeutsame Inhalte sollten weniger bedeutsam vorgezogen werden
         2) *Grundsatz der proportionalen Abbildung*
            - Prüfungsinhalte und –formen müssen den Lehrplan verlässlich
               repräsentieren
         3) *Grundsatz der Variabilität*
            - Prüfungen sollten abwechslungsreich gestaltet sein
→ Viel von dem abfragen, was wirklich wichtig ist
→ Inhalte in der Prüfung haben, die ich auch im Unterricht hatte

➜ Die Form der Klausur muss den Unterricht widerspiegeln

➜ Genug Variabilität muss da sein (z.B. nicht nur Lückentexte beim Abprüfen von Grammatik) (weil es immer Schüler gibt, die unterschiedliche Sachen besser oder schlechter können/Schüler können sich in unterschiedlichen Prüfungsformen unterschiedlich bewähren)

➜ Die Prüfung soll das Prüfen, was sie vorgibt zu prüfen (= valide), die Prüfung soll nicht bei einem etwas anderes messen als bei jemand anderem

- Konzeption der Prüfung in 9 Schritten:
1. Auswahl der Prüfungsinhalte
2. Auswahl der Prüfungsform: schriftlich, mündlich, praktisch
3. Auswahl der Aufgabenformen: geschlossen, halb-offen oder offen
   Vor- und Nachteile:
   offen:
   - schriftsprachliches Ausdrucksvermögen wird häufig mit geprüft
   - hoher Zeitaufwand bei Bearbeitung und Auswertung
   - Schwierig zu korrigieren
   - geringe Auswertungsobjektivität
   + mehr Freiheit und Kreativität des Schülers
   + Man hat kein Zufalls- „richtig oder falsch" (Ratewahrscheinlichkeit)
   + qualitative Auswertung möglich
   geschlossen: (Beispiel: Multiple-Choice, Lückentext)
   - Aufgaben sind für den Lehrer schwierig zu gestalten
   - Raten möglich
   - es ist schwierig das Verstehen zu prüfen
   - reine Abfrage von Wissen
   - weniger Interpretationsspielraum
   - festgelegter Erwartungshorizont
   + prüfen Wissen und Verstehen
   + einfache Auswertung/leichter zu korrigieren
   + große Masse an Aufgaben
4. Fortsetzung des Anforderungsbereichs
5. Bestimmung des Aufgaben- und Prüfungsumfangs
6. Formulierung der Aufgaben: Verständlichkeit, Struktur
7. Reihung der Aufgaben
8. Planung der Prüfungssituation: Zeitraum, Zeitpunkt, Hilfsmittel
9. Ausarbeiten einer Musterlösung: Ungereimtheiten, Missverständnisse, Transparenz von Zielen und Erwartungen

b) Konzipieren einer mündlichen Prüfung
- Merkmale mündlicher Prüfungen:
   1. Sie können **interaktiv** sein
      a) Inhaltsbotschaften (Prüfer bringt Rückmeldung über die erbrachte
         Leistung)
      b) Beziehungsbotschaften (auf nonverbaler Ebene in beide Richtungen)
   2. Sie können **adaptiv** sein
      - die Prüfung kann sich des Leistungsniveaus des Prüflings anpassen
        (Vorteil gegenüber schriftlichen Prüfung)
   → beide (adaptive und interaktive Prüfungen) beeinflussen die
      Durchführungsobjektivität
   → mündliche Prüfungen sind sowohl interaktiv als auch adaptiv
- Probleme mündlicher Prüfungen:
  - *hohe Anforderungen an den Prüfer*:
     - zuhören und die gebotene Leistung auf Richtigkeit hin beurteilen
     - einschätzen ob das Anforderungsniveau angemessen ist
     - in Abhängigkeit vom Niveau weitere Fragen überlegen (adaptives testen)
     - Beziehungsbotschaften registrieren und interpretieren
     - Wirkung eigener Beziehungsbotschaften kontrollieren
     - Was spiegelt meine Mimik wider?
  - *Schwierigkeiten der Leistungsbeurteilung*:
     - unterschiedliche Maßstäbe (adaptiver Charakter darf nicht zu
       unterschiedlichen Maßstäben führen) (ich stelle bei mündlichen Prüfungen
       nicht allen die gleiche Fragen → unterschiedliche Schwierigkeitsgrade
       → schwer bei der Benotung)
     - eingeschränkte Vergleichbarkeit (mündliche Prüfungen sind schwer
       vergleichbar/unterschiedliche Fragen)
     - Flüchtigkeit (mündliche Prüfung können nicht wiederholt betrachtet werden)
- Organisation mündlicher Prüfungen:
  - **Ziel:** Komplexität reduzieren, Mindestmaß an Vereinheitlichungen erzielen
  - **Raster festlegen:** Wie viele Fragen aus welchen Teilbereichen?, Welches
    Niveau?
  - **Aufbau:** fester Teil vorgefertigter Fragen die in der Situation nur leicht variiert
    werden sowie ein fester Teil improvisierter Aufgaben/nicht nur spontan auf das

eingehen was der Prüfling sagt

- **adaptiver Charakter:** Reihung der Fragen offen lassen und Hilfestellungen
  geben
- **Basis der Bewertung:** kriteriale BN
- **Flüchtigkeit:** wichtigste Schülerantworten sowie inmprovisierte Fragen
  umgehend protokollieren
- **vorgreifend:** Verbesserung der kommunikativen Kompetenz der Schüler/
  Prüfungssituation z.b. vorher mit dem Schüler üben

c) Beurteilung ganzheitlicher Leistungen

- **Leistungsbeurteilung:**

  1. Synthetisches Vorgehen (von Einzelheiten zu Gesamturteil)

  Problem: das Zählen und Addieren von Einzelleistungen ist häufig

  dann problematisch, wenn diese qualitativ unterschiedlich sind,

  z.B. unterschiedlich gravierende Fehler in einem Aufsatz

  2. Analytisches Vorgehen (vom Gesamteindruck zu Einzelheiten/zur Prüfung

  und zur Differenzierung anhand von Einzelheiten)

  (z.B.: erst einmal lesen danach erst in die Tiefe gehen)

  Problem: gleich zu einem Gesamturteil zu kommen ist ebenfalls

  problematisch, es entstehen subjektive „Eindrucksnoten"

  → eine ganzheitliche Leistung ist z.B. ein Aufsatz oder etwas im Werkunterricht

  herstellen oder ein Chemieversuch

  - Das Vorgehen bei der Beurteilung ganzheitlicher Leistungen

    1. Allgemeines Vorgehen

    - Unterteilung der Leistung in Analyseeinheiten die auf alle Arbeiten
      angewendet werden können
    - Definition von Beurteilungskriterien in Bezug auf relevante
      Dimensionen (in Untereinheiten einteilen)
    - Definition der Ausprägungsgrade für jede Dimension

    2. Vorgehen bei Aufsätzen

    - Analyseeinheiten, z.B.: Einleitung, Hauptteil, Schluss (Hauptteil
      möglichst unterteilen)
    - Dimensionen, z.B.: Grammatik, Stil, Ideenreichtum, Themenbezug,
      Aufbau (Logik, Spannungsbogen), Orthographie
    - Ausprägungsgrade z.B.: gut, mittel, schwach

➔ Alles kleinschrittig aufteilen, um dann zur Gesamtnote zu kommen

- Beurteilung ganzheitlicher Leistungen
  - die Entwicklung eines differenzierten Kriterien- und Bewertungsrahmens ist zwar anfangs aufwendig er kann jedoch anschließend in angepasster Form immer wieder angewendet werden
  - **Vorteil eines solchen Rahmens:**
    - Transparenz des Vorgehens im Vorfeld
  - dem Schüler nur die Note zu geben wird einer ganzheitlichen Leistung nicht gerecht, zumindest sollte es auch eine verbale Beschreibung der Leistungen in Bezug auf die einzelnen Kriterien geben (dann wissen die Schüler woran sie noch arbeiten müssen)
  - **Problematik:**
    - es ist z.b. immer etwas subjektiv was z.b. eine mittlere oder gute Grammatik ist

d) Prüfungsinhalte/Repräsentativität
  - die Auswahl der Aufgaben systematisch und begründet vornehmen
  - die Aufgaben in der Prüfung sollen repräsentativ für alle Aufgaben sein, die im Unterricht behandelt wurden
  - das Prüfungskönnen soll das Grundwissen repräsentieren
  - Haben die Schüler die Kompetenzen die sie später brauchen?
  - die Aufgabenstichprobe sollte repräsentativ sein für die Grundmengen aller überhaupt möglichen Aufgaben
  - wenn Repräsentativität nicht erreichbar ist sollten bedeutsamere Inhalte den weniger bedeutsamen Inhalten vorgezogen werden
  - **ich kann die Form (schriftlich, mündlich, praktisch) entscheiden, aber: Sie muss an den vorherigen Unterricht angepasst sein!**
  - **(= Proportionalität), Anforderungen müssen dem Unterricht entsprechen**
  - es sollten möglichst vielfältige Prüfungsformen verwendet werden (= Variabilität), es gibt immer Schüler die mündlich oder schriftlich besser sind, deswegen variieren!
  - in fast allen Fächern kann auf unterschiedliche Weise geprüft werden

e) Vor- und Nachteile von Prüfungsformen (mündlich, schriftlich, praktisch) mündlich:
  - es ist schwer mündliche Prüfungsleistungen zu vergleichen

- können nur in der aktuellen Situation beurteilt werden
- Objektivität und Reliabilität sind niedriger als bei den beiden anderen
- schwierig für den Prüfer
+ Grundstock an Fragen ist vorhanden und flexible Fragen
+ das Niveau der Fragen bei mündlichen Prüfung kann spontan erhöht werden
  (z.B. wenn Schüler sehr gut ist)
+ man kann genau nachbohren

<u>schriftlich:</u>
- nur Wissen wird abgefragt nicht Können
+ wird von Schülern bevorzugt
+ die Auswertung ist einfacher
+ die Schüler fühlen sich häufiger sicher
+ man kann die Note besser beweisen (sind dauerhaft dokumentiert)
+ Objektivität und Reliabilität sind höher

<u>praktisch:</u>
- sehr aufwendig
- schwierig bezüglich der Überprüfung
+ nicht nur Wissen wird abgefragt
+ Objektivität und Reliabilität sind höher
+ sie sind ganzheitlich und lebensnäher
+ sie sind häufig motivierend

- Strategie der Leistungsüberprüfung bei der kriterialen BN:
    - **intendiertes Curriculum** (vom Staat angeordnete Inhalte des Lehrplans)
    - alles was die Schüler hätten erlernt haben sollen

    - **implementiertes Curriculum** (vom Lehrer erstellt; der Lehrer geht vom
    staatlichen Lehrplan aus und erweitert diesen dann, überprüft diesen und
    setzt fest welche Mindestkompetenz seine Schüler erreichen sollen)

    - **Operationalisierung** (messbar machen des Gelernten des Kindes)

    1. **Prüfungskonzeption**
    2. **Benotungsskala anlegen**

3. **Prüfungsdurchführung**

4. **Leistungsbeschreibung**

5. **Aufgaben- und Prüfungsanalyse**

6. **Leistungsbeurteilung**

7. **Handlungskonsequenzen (realisiertes Curriculum)**

➔ Leistungskontrollen haben auch Konsequenzen für meine Unterrichtsgesaltung

➔ Aufgaben, die nicht funktioniert haben das nächste Mal weglassen oder umgestalten

➔ Was habe ich vermittelt und wie kann ich damit weiter arbeiten?

f) Aufgaben und Prüfungsumfang/Aufgabenformulierung

   - Prinzip der Proportionalität und Variabilität:

     - entweder: viele kleine voneinander unabhängige Aufgaben

     (= **Breitbandprüfung**)

     - oder: wenige umfangreiche Aufgaben (= **Tiefenprüfung**)

     - kurze Prüfung: **großer Messfehler**

     - lange Prüfung: **Ermüdungseffekte**

➔ **Dilemma:**

     - Prüfungen mit vielen kleinen Aufgaben sind reliabler

     - Prüfungen mit komplexen Aufgaben sind valider

     - wenn in einer Klausur z.B. nur eine oder zwei komplexe Aufgaben vorhanden sind ist die Gefahr groß, dass ein Schüler eben genau diese beiden Aspekte nicht weiß (kann zu **Stichprobenfehler** führen)

• Was ist eine gute Aufgabe?

   - ist eindeutig und verständlich formuliert

   - ist nicht zu schwer und nicht zu leicht (zu leicht können alle lösen, zu schwer können gar keine lösen ➔ deswegen: von allem etwas, vor allem mittelschwere Aufgabe)

   - differenziert zwischen Leistungsstarken und –schwachen Schülern

   - erfasst die Kompetenz die sie erfassen soll (Validität bezogen auf die kriteriale Norm)

   - benachteiligt keine spezifischen Personengruppen (keine differentielle Validität)

- ist kognitiv Anspruchsvoll (keine reine Reproduktion von trägem Wissen)
- ermöglicht Aussagen über den Grad der Zielerreichung

- **Scoring**

= die Zerlegung der Aufgabe in vergleichbare Teillösungen und dafür Teilpunkte
geben (z.b. was will ich in der Einleitung hören? etc.)

- die Bearbeitung von Aufgaben oder einer Klausur durch die Lehrkraft aus
  Perspektive des Schülers (Wie lange wird der Schüler wöfur brauchen? etc.)
- als Kompensation der in der Regel nicht vorhandenen Möglichkeit Prüfungen
  vorab zu erproben
- die Prüfung sollte möglichst authentisch und aus der Perspektive der Schüler
  bearbeitet werden
- möglichst auch bei mündlichen und praktischen Prüfungen

g) Schulnoten

- *Benotungsmodelle*

   (= Regel oder Regelsystem, das Schülerleistungen Bewertung zuweist)
   - Zielerreichung oder Zielverfehlung ist hier die Frage
   - differenzierte Benotung:
      - Schulnoten: sehr gut (1) bis ungenügend (6)
      - Punktwerte: von 0 bis 15 Punkte
      - amerikanischen „grades": A bis F
   - **Anforderung an Benotungsmodellen:**
      1. Eindeutigkeit (gleiche Noten für gleiche Leistungen)
         (→ kriteriale BN)
      2. Bezugsnormorientierung (Verträglichkeit mit der jeweiligen
         BN, in der Regel kriterial)
      3. Entscheidungsökonomie (die Anzahl der Entscheidungen zur
         Notenfindung sollte nicht zu groß sein)
      4. Fehlerkontrollierte Zuweisung von Noten zu Leistungen
         (die Vergabe von Noten sollte im Bewusstsein der damit
         verbundenen Messfehler geschehen; die Leistungsmessungen
         im schulischen Alltag ist nicht sehr genau – es gibt immer
         Messfehler)
      5. Flexibilität bei kriterialer BN (die Anforderungen müssen im
         gewissen Maße an das Leistungsniveau der Schüler angepasst

werden; wenn ich nur leistungsschwache Schüler habe kann ich z.b. nicht nur 4 und 5 als Noten vergeben – umgekehrt kann ich bei sehr guten Schülern nicht nur 1 und 2 vergeben)

- **Arten von Benotungsskalen**

(Skalentypen = bestimmen sich auf den inhaltlichen Bezügen sowie aus den Breiten der Skalenabschnitte)

- inhaltlicher Bezug
  - Punktskala: richtig gelöste Aufgaben
  - Fehlerskala: nicht (richtig) gelöste Aufgaben
- Abschnittbreiten
  - lineare Skale: sind gleichmäßige Unterteilungen (die Anforderungen für die einzelnen Notenbereiche sind immer gleich); die lineare Skala ist die Notenskala (Wie setze ich die Intervalle?, Jede Notenstufe hat die gleiche Abschnittbreite)
  - nicht-lineare Skala: ungleichmäßige Unterteilung (Anforderungen für die einzelnen Notenbereiche variieren) nicht alle Notenstufen sind gleich breit, z.B.: wenn Schüler eher schwach sind – dann nicht lineare Skala, die Wahrscheinlichkeit für die Note 1 verringert sich bei der nicht linearen Skala

- *Bezugsnormen*
  - Leistungsbeurteilungen befassen zwei zentrale Prozesse:
    - (1) Feststellung eines Sachverhalts (Leistungsbeobachtung)
    - (2) Vergleichsurteil, das den Sachverhalt relativ zu einem Maßstab einstuft (Leistungsbeurteilung im engeren Sinne)
  - Resultat von (1) und (2): erst einmal die Leistung beobachten, dann den Leistungsmaßstab festsetzen

- **Notenvergabe unter der sozialen BN**

  Probleme:
  - das Ziel von pädagogischer Förderung ist nicht, eine stetige Normalverteilung anzustreben, sondern verschiedene Verteilungen mit möglichst vielen guten und möglichst wenig schwach Leistungen zu haben

25

- eine Normalverteilung ist eher **vor** einer systematischen Förderung zu erwarten
- die Orientierung an der Normalverteilung sorgt dafür das schwache Schüler ihren Notenrückstand nie aufholen können

- **Notenvergabe unter der kriterialen BN**
- die Normalverteilungsannahme ist nicht erforderlich
- die Klassifikationsentscheidung (Zielerreicher/Zielverfehler) muss deutlich gemacht werden
- Definition des kriterialen Beurteilungsmaßstabs **Mindestkompetenz**
    - *Mindestkompetenz:*
        - die Mindestkompetenz bezeichnet das Können das man von jedem Schüler erwartet und dem gerade noch die Note 4 zugewiesen werden kann
        - Orientierung an Lehrplänen und Schulbüchern
        - Vergleichsarbeiten und Abschlussprüfung
        - Austausch mit Kollegen und Kolleginnen, die die Schüler übernehmen werden
        - <u>Vorteil:</u> sie setzt vorausschauendes Unterrichten und Prüfen voraus
        - <u>Nachteil:</u> die Definition von Mindestkompetenz ist sehr schwammig und die Bildungsziele sind immer zu hoch angesetzt
- **Wie geht man bei der Notenvergabe unter der kriterialen BN vor?**
    - nach der Festlegung der Mindestkompetenz (z.B.: 50% der Aufgaben richtig gelöst) werden die Punktewerte ober- und unterhalb der Mindestkompetenz auf die restlichen Notenstufen verteilt (lineare oder nicht-lineare Abschnitte)
    - je niedriger die Mindestkompetenz desto höher die Bestehungsmöglichkeit (umso besser wirkt das Klausurergebnis)
- **Indifferenzbereich:**
    - grundsätzlich können extreme Ausprägungen am sichersten beurteilt werden, im mittleren Bereich (z.B.: Noten 3 und 4) ist die Zuordnung am unsichersten

- der Indifferenzbereich ist der Bereich der zwischen den
  sicheren Zielerreichern und den sicheren Zielverfehlern liegt
  und stellt die geforderte Mindestkompetenz dar
- die unsichreren Fälle die im Indifferenzbereich liegen sind mit
  sehr großer Wahrscheinlichkeit nicht klassifizierbar

- **Notenvergabe unter der individuellen BN**
  (wenn jemand z.b. besser geworden ist kommt er auf eine bessere
  Note)
  - Ausganggröße: der individuelle Lernzuwachs eines Schülers
  - gemessen wird über einen längeren Zeitraum
  - gute Note = Leistungssteigerung; schlechte Note = Leistungsabfall
  - stellt sehr hohe Anforderungen an die Diagnostik und die
    Informationsverarbeitung durch die Lehrer dar
  - <u>Probleme:</u>
  - es muss bekannt sein in welchem Ausmaß Leistungen bei
    Schülern dieser Altersstufe dieser Schulart usw. zufallsbedingt
    schwanken
  - das Ungleichgewicht der Veränderungsmöglichkeiten bei
    leistungsstarken und bei leistungsschwachen Schülern muss
    berücksichtigt werden
  - die Leistungsbeurteilung ist abhängig vom jeweiligen Unterrichtsstoff
  - die Leistungskonstanz bedeutet auf hohem Niveau etwas anderes als
    auf niedrigem Niveau

- **Allgemeine Schlussfolgerung:**
  - Noten können nur mit begrenzter Genauigkeit vergeben werden
  - Entscheidungen bei Durchschnittsnoten sollten nicht anhand von
    Nachkommastellen, sondern nach pädagogischen Gesichtspunkten gefällt werden
    (individuellen BN) → die individuelle Leistungsentwicklung ist zu
    berücksichtigen! Wie, weiß keiner so genau
  - zur Vermeidung von Messfehlern sollte folgendes beachtet werden:
    - Messfehler verringern sich mit steigender Aufgabenzahl, allerdings
      sollte die Ermüdungsgrenze nicht überschritten werden
    - Messfehler sind bei den mittleren Noten am Größten
    - <u>die Benotung muss letztlich auf der kriterialen BN basieren</u>

- **soziale BN:** (Benotungsmodell muss Rangplätze erfassen)
- **individuelle BN:** (Benotungsmodell muss Leistungsveränderung erfassen)
- **kriteriale BN:** (Benotungsmodell muss die Erfüllung von sachlich-fachlicher Anforderung erfassen)

h) <u>Lernberichte und Verbalzeugnisse</u>
- **Kritik an Ziffernnoten**
    - sind starr und unflexibel
    - das Raster ist mit 6 Abstufungen zu grob
    - sie informieren nur über Gesamtleistungen und Endleistungen – und nicht über Lernprozesse
    - erlauben keinen Rückschluss auf die zugrunde liegende BN
    - enthalten keine Hinweise für zukünftige Lernprozesse
- **Vorteile von Verbalzeugnissen**
    - können die individuellen Lernprozessen von Kindern abbilden und berücksichtigen somit die individuelle BN
    - können auch Aspekte des Sozial- und Arbeitsverhaltens einbeziehen
    - reduzieren im Vergleich zu Ziffernnoten den Leistungsdruck auf die Kinder
    - veranlassen Lehrkräfte zu einer gründlichen Beobachtung einzelner Schüler
    - reduzieren im Vergleich zu Ziffernnoten das Konkurrenzverhalten in der Klasse
    - haben im Vergleich zu Ziffernnoten bei schwachen Kindern weniger negative Wirkungen auf das Selbstvertrauen
    - können zu einer Verbesserung der Chancengleichheit beitragen
    - können die Kommunikation zwischen Lehrkräften und Eltern verbessern
    - man wird den Kindern einfach besser gerecht
- **Kritik an Verbalzeugnissen**
    - sie verstecken die Bewertung im Grunde nur hinter mehr oder weniger deutlichen Formulierungen
    - sie sind oft vieldeutig
    - sie können kaum so formuliert werden, dass sie die klassischen Testgütekriterien erfüllen
    - sie stellen hohe Anforderungen an die Lehrer in Bezug auf die diagnostischen Kompetenzen und die Verarbeitung sowie Kommunikation von Informationen

- sie sind in ihrer Erstellung sehr aufwendig und für Eltern oft schwer zu
  verstehen
- sie schränken die Vergleichsmöglichkeiten ein
- **Arten von Verbalzeugnissen**
  1. Nicht explizit an die Schüler gerichtet
     - Rasterzeugnis (es gibt Ankreuzvorgaben)
     - Bausteinzeugnis (es gibt Formulierungsbausteine)
     - Lernbericht (völlig freie Formulierung)
  2. Explizit an die Schüler gerichtet
     - Zeugnisbrief (völlig freie Formulierung)
- **Fazit von den Verbalzeugnissen**
  - Verbalzeugnisse verfolgen zwar pädagogische Ziele, sie sollten jedoch
    dennoch objektiv, reliabel und valide sein
  - die individuelle BN wird stärker mit einbezogen als bei Noten
  - Lernprozesse sind schwierig zu beschreiben, deswegen liegt der Fokus eher
    auf den Lernergebnissen
  - es geht primär ums Lernverhalten und selten ums Sozialverhalten
  - sowohl Schüler als auch Eltern haben oft Probleme beim Verständnis der
    Verbalzeugnisse
  - der sehr hohe zeitliche Aufwand schreckt die Lehrer oft ab
  - Eltern wollen sie nur in den frühen Schuljahren
  - Schüler wollen oft richtige Noten haben um zu wissen wo sie genau stehen
    und wollen häufig eine Verbindung zwischen Ziffern- und Verbalzeugnissen
  - die Lehrer beobachten durch die Verbalzeugnisse eventuell die Schüler
    besser

8. <u>**Diagnostische Kompetenz von Lehrkräften**</u>
   - **Definition** von diagnostischer Kompetenz
   - diagnostische Kompetenz wird häufig mit der Fähigkeit gleichgesetzt, genaue
     diagnostische Urteile abzugeben
   - **Theoretische Modelle**
   - Modell 1: *inhaltliche Bestandteile der diagnostischen Kompetenz*

(A) stabile Merkmale als Grundlage des Diagnostizierens (z.b.: Intelligenz)

(B) Erfahrungsabhängige bereichsspezifische Fähigkeiten und

Wissensstrukturen (z.B.: methodisches Wissen z.b. über Urteilsfehler,

Gegenstandsspezifisches Wissen z.b. im Hinblick auf

schwierigkeitsbestimmende Aufgabenmerkmale, typisches Vorgehen von

Schülern eines bestimmten Alters)

(C) spezifische Kenntnisse (z.b.: Wissen über einzelne Schüler und Klassen)

- Modell 2: *in empirischen Untersuchungen fokussierte Einflussfaktoren*

   1. Lehrermerkmale

   (Lehrdauer in der Klasse, Professionswissen/fachdidaktisches und

   diagnostisches Wissen)

   2. Schüler- und Klassenmerkmale   Urteils-

   (Geschlecht, Klassengröße, Merkmalsausprägung)   genau-

   3. Testmerkmale   igkeit

   (Vertrautheit mit dem Test bzw. den Testaufgaben)   ???

   4. Merkmale des Urteils

   (Diagnoseziel)

- **Forschungsstand**

  1. Drei Komponenten der Diagnosegenauigkeit

  (betrifft die Abgrenzbarkeit von Rang-, Niveau und

  Differenzierungskomponenten)

     a) Rangkomponente:

        - meint die Fähigkeit von Lehrkräften, Fähigkeits- bzw.

        Leistungsabstufungen zwischen Schülern einzuschätzen

     b) Niveaukomponente:

        - die absolute Einschätzung der Ausprägung einer Schülerfähigkeit oder

        der Leistung des Schülers bei einer Aufgabe

        - Berechnung des Urteilsfehlers (Abweichung zwischen Lehrerurteil

        und dem Kriterium) oder der Urteilstendenz (Über- oder

        Unterschätzung des Kriteriums)

     c) Differenzierungskomponente:

        - Vergleich zwischen der Schülerselbsteinschätzung und des

        Lehrerurteils

  2. Einflussfaktoren auf die Urteilsgenauigkeit und den Urteilsprozess

a) Lehrermerkmale und Merkmale des Urteils:

- *Urteilsgenauigkeit*:

  - keine oder nur kleine Zusammenhänge zwischen Lehrermerkmalen (z.B.:
    Dauer der Tätigkeit im Lehrerberuf, Dauer der Lehrertätigkeit in der
    jeweiligen Klasse, fachdidaktisches Wissen) und Urteilsgenauigkeit

- *Urteilsprozesse:*

  - Experten neigen stärker dazu einmal getroffene zu revidieren wenn sie
    zusätzliche gegenteilige Informationen erhalten

  - Experten können besser zwischen diagnostisch wichtigen und weniger
    wichtigen Informationen trennen

b) Klassenmerkmale:

- „Big-Fish-Little-Pond Effekt": das Leistungsniveau der Klasse beeinflusst die
  Einzelbeurteilung

c) Schülermerkmale:

- Schülerinnen und Schüler mit höherem sozioökonomischen Status (deren Eltern
  einen hohen Bildungshintergrund haben) werden als leistungsfähiger eingestuft
  (ähnliche Einstufungen gibt es auch im Hinblick aufs Geschlecht und die
  Hautfarbe)

d) Testmerkmale:

- höhere Urteilsgenauigkeit bei Vertrautheit mit dem Urteilsgegenstand (z.B.:
  wenn der Lehrer einen Test benutzt den er schon häufig verwendet hat, kann er
  die voraussichtliche Schülerleistung einschätzen/vorausahnen; Behandlung
  ähnlicher Aufgaben im eigenen Unterricht)

3. Studie von Anders:

- ist eine Studie zum Übergang von der Grundschule in die weiterführende Schule

- Lehrkräfte fassen eine Vielzahl an Schülermerkmalen zu drei übergeordneten
  Bereichen zusammen:

  1. Begabung/Leistung

  2. Soziale Fähigkeiten/Sozialverhalten
     (Mädchen werden tendenziell positiver bewertet als Jungen)

  3. Motivation/Lerntugenden
     (Mädchen werden tendenziell positiver bewertet als Jungen)

- **Förderung**

  Wie kann man die Diagnosekompetenz von Lehrern verbessern?

- seine Urteilsgenauigkeit trainieren
- sich mit anderen Lehrern (auch aus anderen Fachbereichen) austauschen, auch zu den Bewertungsmaßstäben und anderen Unterricht von anderen Lehrern anschauen
- Schüler erstellen Selbsteinschätzungen/Selbstdiagnosen/ dann erfolgt Vergleich zwischen der Einschätzung des Lehrers und der des Schülers
- Stärkung der professionellen Kompetenz (Vertiefung ins fachdidaktische/ psychologische Wissen)
- Orientierung an fixen Maßstäben (z.B. an Bildungsstandards oder Rahmenlehrplänen)
- den eigenen Unterricht evaluieren

Urteilsfehler

(Welche Fehler machen wir?, Wie nehmen wir andere Menschen war?

(Voreingenommenheit, Vorurteile und Fehlschlüsse im Urteil/in der Wahrnehmung),

es ist menschlich Fehler zu machen, aber ich muss sie reflektieren und mich darüber

mit anderen austauschen)

- **Urteilsfehler durch Urteilstendenzen**

  a) Referenzfehler:

  (Ausschließliche Orientierung an der Referenzgruppe)

  b) Tendenz zur Mitte:

  (Vermeidung extremer Urteile)

  c) Tendenz zum Extrem:

  (Vermeidung von mittleren Urteile)

  d) Milde-Effekt:

  (Tendenz zur Vergabe von besseren Noten als andere Lehrkräfte)

  e) Strenge-Effekt:

  (Tendenz zur Vergabe von schlechteren Noten als andere Lehrkräfte)

- **Was kann man tun?**

  - sich Klarheit drüber verschaffen zu welchen Fehlern man neigt (Erkenne dich selbst)
  - Austausch mit Kollegen, Zweitkorrekturen erbitten
  - sich Klarheit darüber verschaffen welche Beurteilungstendenzen mit dem Fach an sich, der Schulart oder der Schulstufe zusammenhängen

- **Urteilsfehler durch Interferenzen und Voreingenommenheit**

  a) Reihungsfehler:

    (eine nachfolgende Beurteilung ist von einer vorherigen abhängig, z.b.: wenn

    ich nur schlechte Aufsätze gelesen habe und dann ein ganz toller Aufsatz

    kommt, benote ich diesen besser als wenn alle gut gewesen wären)

  b) logische Fehler:

    (z.b.: ob ein Kind aus einer Arbeiter- oder Akademikerfamilie kommt hat

    einen Einfluss auf den Bildungsweg des Kindes/z.B.: ob

    Gymnasialempfehlung ja oder nein, Kinder aus Zuwandererfamilien kommen

    häufig aus Arbeiterfamilien)

  c) Halo-Effekt (Überstrahleffekt):

    (ein globaler Eindruck „überstrahlt" die Wahrnehmung anderer Merkmale,

    z.B.: ein Lehrer hat z.b. einen negativen Eindruck von einem Schüler (dieser

    ist z.b. optisch ungepflegt), dies wirkt sich auf den Gesamteindruck aus und

    nimmt somit Einfluss auf seine Leistungsbewertung)

  d) Perseverationsfehler:

    (ein bereits gefälltes Urteil wird strikt beibehalten, z.B.: ein Schüler der immer

    so oder so ist/war wird auch immer so bleiben/sein → am Urteil wird also

    festgehalten)

  e) Projektionsfehler:

    (eigene Interessen bzw. Eigenschaften werden anderen Personen

    zugeschrieben)

  f) Wissen-um-die-Folgen-Fehler:

    (ein Urteil wird milder gefällt wenn die Folgen absehbar negativ sind, z.B.:

    wenn es für den Schüler echt um was geht (z.B.: um die Versetzung)

    überdenken wir alles sehr viel genauer)

- **Was kann man tun?**

  - klar definierte Kriterien

  - Austausch mit Kollegen, Zweitkorrekturen erbitten

  - Leistungsbewertungen wenn möglich „blind vornehmen" (z.B.: Namen der

    Schüler abdecken)

  - Gesamtbewertung erst nach Einzelbewertungen (z.B.: Aufgabe für Aufgabe

    anstelle von Klassenarbeit für Klassenarbeit)

  - einsehen, dass das eigene Urteil oft subjektiv ist, Bereitschaft zur Selbstkritik und

Selbstkorrektur

- Trennung zwischen Beobachtung und Bewertung einer Leistung

- **Fazit zur Güte der schulischen Leistungsbewertung:**
  - die Erfüllung der Gütekriterien ist abhängig von der Art der
    Leistungsüberprüfung, vom Fach und von der BN
  - Zensuren sind weder so schlecht wie sie hingestellt werden, noch so gut, wie sie
    ihrem Anspruch nach sein müssen
  - Leistungsunterschiede von Schülern innerhalb einer Klasse werden recht präzise
    eingeschätzt, wobei beträchtliche Unterschiede zwischen Lehrkräften bestehen
  - mit der Einschätzung des relativen Leistungsniveaus der Klasse haben Lehrkräfte
    dagegen erhebliche Schwierigkeiten:
    - ein Klassenübergreifender Maßstab fehlt
    - es gibt ein Spannungsfeld zwischen der pädagogischen und der
      gesellschaftlichen Funktion von Leistungsbeurteilungen
    - identische Ziffernnoten können ganz unterschiedliche Leistungen
      repräsentieren

- **Maßnahmen zur Erhöhung der Messgüte von Schulnoten**
  a) Objektivität:
    - die Prozeduren der Durchführung, der Auswertung und der Interpretation von
      Prüfungen müssen explizit sein und sollten im Kollegium abgestimmt werden
  b) Reliabilität:
    - die Anzahl der Aufgaben sollte nicht zu gering sein
    - man sollte sich der Unsicherheit der Messungen bewusst sein (Messfehler)
  c) Validität:
    - Prüfungssituationen möglichst angstfrei gestalten
    - sich möglicher Störeffekte und Beurteilungsfehler bewusst machen
    - unterschiedliche Prüfungsformen (schriftlich, mündlich, praktisch),
      Prüfungssituationen (in Klasse, allein, etc.), Aufgabenformen (Multiple-
      Choice, offen, geschlossen, halb-geschlossen)
    - in nicht-sprachlichen Fächern die Anforderungen an die Sprachkompetenz
      gering halten (Dilemma: „intelligente Aufgaben" in Mathe sind oft
      sprachlastig)

- keine reinen Gedächtnisleistungen abprüfen

9. **Diagnostik von Hochbegabung**
   - **Diagnose von Hochbegabung**

   a) der Schüler zieht sich zurück und sagt/macht nichts (weil alles zu langweilig
   ist) → <u>noch nicht umgesetzte Begabung</u>

   b) der Schüler weiß alles sofort → <u>die gezeigte Leistung/Begabung</u>

   - **Was ist Hochbegabung/giftedness ?**

   <u>= eine „besondere Begabung" (ein wenig präzises Konzept), bei Hochbegabung
   geht es um Intelligenz</u>

   - generelle Intelligenz vs. bereichsspezifische Intelligenz (z.b.: sprachliche,
     mathematische, soziale)
   - als Leistung gezeigt (Performanz vs. noch nicht umgesetzte Begabung
     (Kompetenz)) → Konzept des Underachievements
   - intellektuell (Denkvermögen, Sprache) vs. nicht intellektuell (musische,
     praktische- handwerkliche Begabung)
   - <u>Definition nach Rost:</u>
   - Wissen in verschiedenen Situationen adäquat einsetzen
   - rasch aus Erfahrungen lernen
   - die Umwelt ist wichtig um seine Intelligenz richtig nutzen zu können

   erkennen auf welche neuen Situationen und Problem die Erkenntnisse anwendbar
   sind (Generalisierung) und auf welche nicht (Differenzierung)
   - jemand der sich schnell effektiv neues Wissen aneignet

   - **Quantitative Definition von Hochbegabung**
   - Intelligenztestwert in Relation zur Verteilung in der Population
   - es gibt zwei Prozent hochintelligente Menschen (IQ von mindestens 130)

   - **Diagnose von Hochbegabung**
   - welche Eigenschaften/Fähigkeiten sind relevant?
   - es gibt verschiedene Methoden:

     1. Beobachten

     durch Checklisten: (Liste mit Merkmalen die auf eine Hochbegabung
     hinweisen können)
     - hohes Detailwissen
     - ungewöhnlicher Wortschatz

- außergewöhnlich gute Beobachtungsgabe
- selbstmotiviertes Lesen vieler Bücher
- kritisches unabhängiges Denken
- Langeweile bei Routineaufgaben
- Streben nach Perfektion
- Verantwortungsübernahme
- Wahl von gleichbefähigten meist älteren Freunden
- Probleme:
    - die Aussagekraft der einzelnen Punkte ist eingeschränkt, sie sind selten wissenschaftlich belegt und sind oft widersprüchlich, außerdem ist die Ausprägung der einzelnen Merkmale oft schwer bestimmbar
- Vorteile:
    - einfache und rasche Auswertung
    - sie sind zum Teil frei verfügbar (z.B.: im Internet)
2. **Befragung** (Einschätzung durch Lehrer und oder Erzieher)
3. **Testen** (standardisierte Intelligenztests)
→ alle Methoden haben Stärken und Schwächen, je nach Anlass bzw.
Fragestellung und Alter des Kindes ist eine Kombination am Besten

- **Vorteile der Beurteilung durch Lehrer**
- Vergleichsmöglichkeiten in der Klasse
- Kenntnis vieler Schüler unterschiedlicher Jahrgänge
- beobachten des Kindes über einen relativ langen Zeitraum und in verschiedenen Situationen (geringerer Einfluss von Leistungsschwankungen)
- viel Erfahrung im Einschätzen und Bewerten von Leistungen
- Beobachtung von Entwicklungsprozessen
- **Was ist problematisch im Hinblick auf die Beurteilung durch den Lehrer?**
- Beurteilung aufgrund von sichtbaren Verhalten (Schulleistungen führen dazu das Underachiever nicht erkannt werden)
- Referenzgruppeneffekte: Bewertung des Kindes orientiert sich an der Leistung der Klasse
- Stereotypproblematik: hochbegabte Schüler sind sozial schwierig
- unterschiedliche, subjektive Konzepte von Hochbegabung bei verschiedenen

Lehrkräften

- Urteilsfehler

- **Underachievement**

  Definition:

  - Hochbegabung geht nicht zwangsläufig mit überdurchschnittlichen Leistungen
    einher
  - schulische Leistungen (Noten, standardisierte Schulleistungstests) sind deutlich
    geringer als man aufgrund der Begabung erwarten würde (erwartungswidrige
    Minderleistung)
  - Jungen sind häufiger betroffen als Mädchen
  - ca. 12% der Hochbegabten sind Underachiever

  Diagnose:

  - Underachievement wird diagnostiziert wenn die Schulleistung ca. 2
    Standardabweichungen unter dem jeweiligen IQ-Wert liegt (wenn die Leistungen
    im IQ-Test viel höher ist als im normalen Unterricht)
  - Erfassung der Intelligenz und der Schulleistungen mithilfe von Tests

- **Intelligenztests**

  Vorteile:

  - objektive und zuverlässige Messung von Fähigkeiten
  - wissenschaftliche Fundierung der Verfahren
  - genaue Differenzierungen verschiedener Intelligenzdimensionen
  - Erfassung von fähigkeitspotenzialen, also auch die Identifikation von
    Underachievern

  Problematik:

  - je nach eingesetztem Test können die Ergebnisse variieren, z.B.: aufgrund des
    Messfehlers

  Konsequenz:

  - Einsatz von mindestens zwei Tests an unterschiedlichen Tagen bei
    vollmotiviertem Kind und Berücksichtigung des Messfehlers bei der Auswertung

10. Diagnostik von besonderem Förderbedarf/ Diagnose von Teilleistungsstörungen (Lese-Rechtschreib-Störung (LRS))

- **Definition von Lernstörungen**

  = Lernstörungen sind Minderleistungen beim absichtsvollen Lernen (wenn ein

Schüler in einer Situation gerade wirklich lernen will/muss und es nicht funktioniert)

- das anvisierte Können, Wissen und Verhalten wird nicht in ausreichender Qualität, mit ausreichender Sicherheit und in der dafür vorgesehenen Zeit erworben

- Lernstörungen sind von Lernschwierigkeiten abzugrenzen wie z.B. auf mangelhafte Beschulung, Vorliegen einer psychischen Erkrankung oder familiären Belastungen zurückzuführen sind

- **Arten von Lernschwierigkeiten** (Lernschwierigkeiten können nach ihrer zeitlichen Dauer und ihrer Breite unterschieden werden)

  1. vorübergehende Lernschwierigkeiten
  - Lernrückstände in einem einzelnen Fach (**bereichsspezifisch**)
  - Schulschwierigkeiten als Folge einer psychischen Belastung (**allgemein**)

  2. Überdauernde Lernschwierigkeiten
  - Lese-Rechtschreib-Störung, Rechenstörung (**bereichsspezifisch**)
  - allgemeine Lernbehinderung, geistige Behinderung (**allgemein**)

- **Definition von Lese-Rechtschreib-Störung**

  = ist eine umschriebene und bedeutsame Beeinträchtigung im Erlernen von Lesen und Rechtschreiben (auch Legasthenie genannt)

  - Ausschlusskriterien einer Lese-Rechtschreib-Störung:
    - eine unzureichende Beschulung
    - geringe Kenntnisse der deutschen Sprache
    - geringe Intelligenz/geistige Behinderung
    - eine körperliche oder psychische Erkrankung

  - ca. 4-8% der Schüler leiden unter einer Lese-Rechtschreibstörung

  - typische Symptome:
    - Kinder mit LRS erlernen das Lesen mühevoller und langsamer, verstehen den Sinn des Gelesenen schwerer und typische Fehler des Lesens bleiben bestehen
    - verlangsamtes Lesetempo
    - Worte im Satz oder Wortteile werden ausgelassen, ersetzt verdreht und/oder hinzugefügt
    - beim Vorlesen: Startschwierigkeiten, stockender Verlauf, nicht-sinnhafte Betonung
    - Arbeit mit Texten: Wiedergabe von Texten ist kaum möglich

- **Besondere Schwierigkeiten im Lesen/Rechtschreiben oder Rechnen (LRSR)**
  - rechtliche Grundlage in Berlin:
    - diagnostische Grundlage bilden schulische Leistungen sowie normierte Schulleistungstests
    - Diagnose wird durch die Lehrkräfte gestellt
    - Schüler mit LRSR erhalten eine zusätzliche Förderung
    - über Art, Umfang und Dauerförderung entscheidet die Klassenkonferenz
- **Intervention im Hinblick auf LRS**
  - Prävention vor Intervention (je früher sich anbahnende Schwierigkeiten behandelt werden desto besser)
  - Leseförderung und Schreibförderung (da Leseschwächen oft Rechtschreibschwächen nach sich ziehen wird der Leseförderung eine größere Bedeutung beigemessen)
  - Anpassung der Intervention an die jeweilige Entwicklungsstufe
- **Doppeltes Diskrepanzkriterium nach WHO**
  - LRS ist vorhanden, wenn die Leistungen deutlich hinter dem Niveau zurückbleiben das aufgrund des Intelligenz des Kindes zu erwarten ist (Underachievement)
  - die LRS liegt eindeutig unter dem Niveau das aufgrund des Alters (1. Diskrepanzkriterium) und der allgemeinen Intelligenz zu erwarten wäre (2. Diskrepanzkriterium)
  - Kritik an Diskrepanzdefinition:
    - Schüler mit bereichsspezifischer Minderleistung reagieren positiv auf Fördermaßnahmen unabhängig vom Grad der IQ-Diskrepanz
    - Schüler mit bereichsspezifischer Minderleistung zeigen sehr ähnliche Schwierigkeiten unabhängig von der IQ-Diskrepanz
  - Konsequenz für die schulische Praxis:
    - die Forderung, nur die bereichsspezifische Minderleistung (bei Ausschluss einer geistigen Behinderung) als relevantes Kriterium zu nutzen
- **Förderbedarf bei Lernschwäche**

Definition:
- allgemeine und schwerwiegende und überdauernde Beeinträchtigung des Lernens

Feststellung:
- gravierender Lernzustand in mehreren wichtigen Fächern

- die Intelligenz ist deutlich unterdurchschnittlich

Wenn die Vermutung von Förderbedarf eines Kindes vorliegt, dann:

- werden die Eltern und Lehrer befragt und eine Einschätzung des Kindes durch

  Sonderpädagogen findet statt

- Gutachten im Auftrag der Schulaufsichtsbehörde

- Einsatz von mindestens zwei anerkannten Testverfahren zur Ermittlung der

  Intelligenz, eines davon sprachfrei

Förderorte:

- die Eltern entscheiden über den Förderort des Kindes:

  - allgemeine Schule oder eine Schule mit sonderpädagogischem

    Förderschwerpunkt Lernen (Schüler mit Förderbedarf zu ca. 30% in

    allgemeinen Schulen und zu ca. 70% in Sonderschulen)

- **Inklusion in Berlin**

  - seit 2011 gibt es das Konzept von inklusiven Schulen

  - das Konzept der inklusiven Schule soll die UN-Behindertenrechtskonvention

    umsetzen (Ziel: der Anteil der Schüler mit sonderpädagogischen Förderbedarf die

    am gemeinsamen Unterricht in allgemein Schulen teilnehmen, soll erhöht

    werden)

  - Eltern können aber noch immer frei entscheiden ob ihr Kind auf eine

    Sonderschule gehen soll

- **Von der Integration zur Inklusion**

  - das Konzept der Integration geht **vom einzelnen Kind aus** (nach Feststellung

    dessonderpädagogischen Förderbedarfs wir entschieden welcher Förderort für das

    Kind geeignet ist)

  - Inklusion erfordert eine Verbesserung des gesamten Unterrichts unter der

    Berücksichtigung der **Bedürfnisse aller Schüler**

  - Inklusion vor allem für: Lernen, emotionale und soziale Entwicklung und

    Sprache

- **Auswirkung des Förderortes auf Schulleistung/die IQB-Studie**

  → Kinder die sonderpädagogisch gefördert werden müssen profitieren laut der

    IQB-Studie stärker vom Besuch einer Regelschule als vom Besuch einer

    Sonderschule

  - Limitationen der IQB-Studie:

    - mehr Informationen zu Kindern mit sonderpädagogischem Förderbedarf wären wünschenswert (Schweregrad der Beeinträchtigung, Ausmaß der Förderung, Dauer der Förderung, Unterrichtsgestaltung)

- Beschränkung auf Förderschwerpunkte Lernen und Sprache
- keine Aussagen über die Leistungsentwicklung möglich

- **Warum erreichen Kinder mit SPF in Regelschulen bessere schulische Leistungen?** → stärker anregendes Lernumfeld, höhere Erwartungen in Regelschulen

- **Warum profitieren Kinder mit einer Lernschwäche im Hinblick aufs Lernen stärker als Kinder mit einer Lernschwäche im Hinblick auf die Sprache?**

→ stärkere Anlehnung und Überschneidung der Lehrpläne zwischen Regelschule und Förderschule im Bereich Sprache (vor allem in Mathe)

→ Gruppenunterschiede

11. Definition von Evaluation und Unterrichtsqualität

- **Evaluation**
- bedeutet Bewertung
- Evaluationen dienen dazu die Qualität im Bildungswesen zu sichern und zu verbessern
- als Entscheidungsgrundlagen werden Daten die auf Forschungsergebnissen basieren, herangezogen
- formative Evaluation:
  - Werden die Maßnahmen wie gewünscht ausgeführt?, Erreicht das Programm seine Zielgruppe?, Welche Probleme entstehen bei der Durchführung?
- summative Evaluation:
  - Entstehen durch das Programm die gewünschten Veränderungen?, Lohnt sich die Durchführung des Programm (Kosten/Nutzen)?

- **Formen und Beispiele der Evaluation**
Welche Durchführung sollte für die Evaluation gemacht werden?
- Arbeitsformen:
  - kontrollierte Interventionsstudien (Ziel: Erklärung von Bedingungen der Wirksamkeit pädagogischer Maßnahmen)
  - Längsschnittstudien (Ziel: Analyse von Entwicklungsverläufen)
  - Systemevaluation/-monitoring (Ziel: Beschreibung von Rahmenbedingungen, Schule/Unterricht, Kompetenzen/Einstellungen

der Schüler sowie Zusammenhänge zwischen diesen Merkmalen)

- Evaluation von Schulen und Programmen (Ziel: zielbezogene handlungsorientierte Feststellung und Bewertung von Stärken und Schwächen)

- initiativen zur Umgestaltung des Bildungssystems (Ziel: Feststellung der Ausgangsbedingungen, Prozessevaluation und Praxisberatung)

- **Was ist Unterrichtsqualität?**

  1. Prozessorientierte Perspektive

  (Was definiert man als guten Unterricht?)

  (Prozessqualität angucken z.B. durch Videos)

  - betrifft die eigentliche Durchführung des Unterrichts

  - Entwurf, Begründung und Klassifikation von Unterrichtsmethoden

  - Was ist der politische Wille?, Wie soll Schule aussehen?

  2. Produktorientierte Perspektive

  (Unterricht soll zum guten Output der Schüler führen)

  - theoriegeleitete und durch Forschung belegte Erfassung von Lehr-/Lernprozessen und den Wirkungen des Unterrichts

  - Outputorientiereung

Was ist Unterrichtsqualität?

1. Klassenführung

(die Einführung verhaltenswirksamer Regeln, im Falle von Unterrichtsstörungen: zeitsparende Behebung dieser)

2. Klarheit und Strukturiertheit

(Bezüge zu Vorwissen, Alltagswissen und alltagstypische Vorstellungen, sprachliche Klarheit von Aufgabenstellungen und Unterrichtsinhalten, fachlich-inhaltliche Korrektheit)

3. Vertiefung und Sicherheit

(intelligenten Üben, Sicherstellung der Beherrschung von basic skills)

4. Aktivierung

(aktive kognitive Auseinandersetzung mit Lerninhalten sicher, Interesse am Lerninhalt wecken, selbstgesteuertes und selbstkontrolliertes Lernen)

5. Motivierung

(Unterrichtsstoff als lebendiges und interessantes Gebiet vermitteln, Lehrer als Vorbild)

6. Lernförderliches Klima

(Wechsel von Lern- und Leistungssituationen, freundlicher Umgangston, angemessene Wartezeit auf Schülerantworte, konstruktiver Umgang mit Fehlern)

7. Schülerorientierung

(Lehrer als fachliche und persönliche Ansprechpartner, Schüler können in angemessenen Rahmen mitbestimmen und werden zum Unterricht befragt)

8. Kompetenzorientierung

(Fokus auf den Erwerb fachlicher und außerfachlicher Kompetenz)

9. Umgang mit Heterogenität

(Anpassung der Schwierigkeit und des Tempos an die Lernvoraussetzungen der Schüler, sensibler Umgang mit Schülermerkmalen)

10. Angebotsvielfalt

(Methodenvielfalt und flexibles pädagogisches Handeln, Variation von Unterrichtsmethoden, Medien, Material und Sozialformen)

→ all diese Merkmale stehen häufig in einer Konkurrenzbeziehung zueinander

→ die Kenntnisse dieser Merkmale sind in der Regel Hilfreich und Förderlich jedoch keine hinreichende Voraussetzung für erfolgreichen Unterricht – notwendig ist eine kompetente Umsetzung dieser Prinzipien in die Unterrichtsplanung und deren Reflexion

→ dementsprechend handelt es sich nicht um Unterrichtskonzepte, sondern um Steuerungswissen

- **Lehrereinschätzungen**
- Protokollierung des eigenen Unterrichts als Methode der Selbstvergewisserung und Selbstbeurteilung
  - Checkliste zur Hilfe nehmen:
    - Wie habe ich den Lehr-/Lernprozess angelegt?
    - Wurde das Interesse am Lerninhalt aufrecht erhalten?
    - Habe ich den Schülern zugehört?
    - Wie hoch war der Sprechanteil aller Schüler?
  - Unterrichtstagebücher führen
- **Schülereinschätzungen**

Warum Schülerfeedback zum Unterricht?

- Schüler haben viel Erfahrung mit Schule und Unterricht
- die Schüler kennen in der Regel die Lehrer sowohl im Vergleich zwischen
  mehreren Fächern als auch im Vergleich in der Schulzeit hinweg

Grenzen von Schülerfeedback:
- mögliche Überforderung mit der Beurteilung des Unterrichts vor allem im Bezug
  auf die didaktische Kompetenz und das fachliche Wissen von Lehrern
- es sind Verzerrungen möglich durch die Bevorzugung von extremen Antworten,
  negative Herabsetzung oder freundlicher Aufwertung im Sinne von
  Gefälligkeitsaussagen

- **Unterrichtsbeobachtung**

  1. Der beste Weg zur Beschreibung und Bewertung des Unterrichts:
  - größtes Potenzial bezüglich differenzierter Beurteilung des Unterrichts im
    Hinblick auf verschiedene Merkmale
  - professionelle Außensicht

  2. Methoden:
  a) Checklisten
     - erfassen das Vorkommen bestimmter Verhaltensweisen die vorab im
       Beobachtungssystem festgelegt sind (z.B.: die Häufigkeit mit der Lehrer oder
       Schüler Fragen stellen oder beantworten, Sprechpausen)
  b) Interaktionssysteme
     - erfassen mit vorab festgelegten Kategorien den Verlauf einer
       Unterrichtsstunden (z.B.: die Abfolge von Zyklen wie „Lehrerfrage –
       Schülerantwort – Lehrerfeedback")
  c) Ratingsysteme
     - der Beobachter schätzt den Ausprägungsgrad eines Verhaltens oder
       Qualitätsmerkmals ein (Beurteilung hinsichtlich des Grades der Zustimmung
       „trifft genau zu – trifft gar nicht zu"; oft gekoppelt mit Beurteilung von
       Häufigkeiten)

- **Meta-Analyse von Hattie**
  - Lehrer und deren Unterricht als zentrale Ursachen für erfolgreiches schulisches
    Lernen (Lehrer, die kognitiv aktivieren und einen anspruchsvollen Unterricht
    gestalten, sind erfolgreicher als solche die sehr stark auf das entdeckende

individualisierende Lernen fokussieren)

- systematische Forschung zum Zusammenspiel von Professionswissen und
Unterrichtshandeln ist notwendig

- **Von Wissen über guten Unterricht zu erfolgreicher Unterrichtsentwicklung**
  1. Individuelle Bedingungen
     (meint die Einsicht in die Notwendigkeit von Unterrichtsentwicklung, Kosten-
     Nutzen-Abwägung, Selbstwirksamkeitsüberzeugung)
  2. Externe Bedingungen
     (Wertschätzung von Evaluation, die Bereitschaft an der Verbesserung von
     Lehre/Lernen zu arbeiten)

→ Wissen über Unterricht/Ist-Soll-Vergleich (praxisnahes Modell der Evaluation)

Aufnahme der Botschaft in Kommunikationsprozessen (Unterricht)
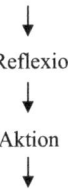

Reflexion

Aktion

Evaluation

12. <u>Leistungsmessung als Grundlage für Qualitätsentwicklung im Bildungswesen:</u> <u>Systemevaluation im nationalen Vergleich auf Basis von Bildungsstandards</u>

- **Konsequenzen der Kultusministerkonferenz aus PISA:**
  a) Definition zentraler Handlungsfelder:
  1. Maßnahmen zur **Verbesserung der Sprachkompetenz** bereits im
     vorschulischen Bereich
  2. Maßnahmen zur besseren Verzahnung von vorschulischem Bereich und
     Grundschule mit dem Ziel einer **frühzeitigen Einschulung**
  3. Maßnahmen zur **Verbesserung der Grundschulbildung** und durchgängige
     Verbesserung der **Lesekompetenz** und des **grundlegenden Verständnisses**
     mathematischer und naturwissenschaftlicher Zusammenhänge

4. Maßnahmen zur wirksamen **Förderung bildungsbenachteiligter Kinder,** insbesondere auch der Kinder und Jugendlichen mit Migrationshintergrund

5. Maßnahmen zur konsequenten Weiterentwicklung und **Sicherung der Qualität** von Unterricht und Schule auf der Grundlage von verbindlichen **Standards** sowie eine ergebnisorientierte **Evaluation**

6. Maßnahmen zur Verbesserung der **Professionalität** der Lehrtätigkeit, insbesondere im Hinblick auf diagnostische und methodische Kompetenz als Bestandteil systematischer Schulentwicklung

7. Maßnahmen zum Ausbau von schulischen und außerschulischen **Ganztagsangeboten** mit dem Ziel erweiterter Bildungs- und Fördermöglichkeiten, insbesondere für Schülerinnen und Schüler mit Bildungsdefiziten und besonderen Begabungen

b) Stärkung der Outputorientierung, Bildungsmonitoring:

1. Inputorientierung

(Qualität soll erreicht werden durch möglichst genau Detailregelungen/Regelungen für den Unterricht wurden vorgegeben, d.h.: Lehrpläne und Rahmenrichtlinien, Finanzplanung, Prüfungsrichtlinien, Ausbildungsbestimmungen für Lehrer)

2. Outputsteuerung

(Qualitätssicherung durch Fokussierung auf die Ergebnisse von Bildungsprozessen/Wie kann man den Input so umsetzen, dass ein guter Output/ein gutes Ergebnis erzielt wird?!, d.h.: Aufbau von Kompetenzen, Wissensstrukturen, Einstellungen, Überzeugungen)

- **Gesamtstrategie der Kultusministerkonferenz zum Bildungsmonitoring**

1. Teilnahme an internationalen Schulleistungsuntersuchungen (PISA, IGLU)

2. Einführung und Überprüfung länderübergreifender Bildungsstandards

3. Durchführung von Vergleichsarbeiten zur Feststellung von Leistungsständen/Anbindung an die Bildungsstandards

4. Gemeinsame Bildungsberichterstattung von Bund und Länder

→ Nummer 2 und 3 sind besonders wichtig, die Bildungsstandards werden regelmäßig überprüft, PISA besteht aus Stichproben und ist nicht flächendeckend/Vergleichsarbeiten sind flächendeckend

- **Konzeption und Funktion von Bildungsstandards**
  1. Was sind Bldungsstandards? (Bildungsstandards der KMK):
  - die Bildungsstandards formulieren länderübergreifend verbindliche Ziele für das Lehren und Lernen in der Schule
  - sie legen fest welche Kompetenzen Kinder bzw. Jugendliche bis zu einem bestimmten Punkt im Bildungsverlauf erworben haben sollten (abschlussbezogene Standards)
  - sie basieren auf Kompetenzmodellen (theoretische Modelle), die Bereiche der allgemeinen Bildung im jeweiligen Fach spezifizieren
  - sie haben zwei Hauptfunktionen:
    1. Orientierung der Schulen auf verbindliche Ziele
    2. Grundlage für die Erfassung und Bewertung von Lehr-Lernergebnissen → Erhöhung der Vergleichbarkeit von Anforderungen

- **Warum gibt es Bildungsstandards überhaupt?**
  Sie wurden aufgrund des PISA-Schocks (2000) entwickelt.

- **Merkmale guter Bildungsstandards**
  1. Fachlichkeit
  Bildungsstandards sind auf einen bestimmten Lernbereich bezogen
  2. Fokussierung
  Bildungsstandards konzentrieren sich auf den Kernbereich eines Fachs
  3. Kumulativität/Aufbau
  Bildungsstandards beziehen sich auf Kompetenzen die im Verlauf der Lerngeschichte aufgebaut wurden/vernetzte Kompetenzen
  4. Verbindlichkeit für alle
  Bildungsstandards beschreiben Mindestvoraussetzungen die von allen Lernen erreicht werden sollen (in Deutschland aber: Regenstandards – diese sind kriterial definiert), Bildungsstandrads sollen schulformübergreifend gelten (für Gymnasium, Realschule, Hauptschule, etc.)

5. Differenzierung

Bildungsstandrads differenzieren zwischen Kompetenzstufen die über und unter dem Erreichen des Mindestniveaus (in Deutschland aber: Regelniveau) liegen, Lernentwicklung soll besser abgebildet werden

6. Verständlichkeit

Bildungsstandrads sind klar knapp und nachvollziehbar formuliert

7. Realisierbarkeit

Bildungsstandrads sind mit realistischem Aufwand erreichbar

- **Bildungsstandards in Deutschland**
  - sind primär Leistungsstandrads
  - werden von Arbeitsgruppen bestehend aus Lehrern, Fachdidaktikern und Vertretern der Bildungsadministration entwickelt
  - sie beschreiben **fachbezogene Kompetenzen,** die Schüler in der Regel bis zu einem bestimmten Zeitpunkt ihres Bildungsganges erreicht haben sollen **(Regelstandards)**
  - sind abschlussbezogen
  - stellen verbindliche Kriterien für alle 16 Länder dar
  - können in einigen Kernbereichen mit Hilfe von Testaufgaben überprüft und messbar gemacht werden
  - auf Bildungsstandards basierende Kompetenzstufenmodelle geben inzwischen auch **Mindeststandards** vor (Kompetenzen, die alle Schüler erreicht haben sollten), die allerdings in der Regel nicht vorab inhaltlich definiert, sondern danach anhand von empirischen Verteilungen festgelegt wurden

- **Messbarmachung der Bildungsstandrads mit Aufgaben: allgemeines Vorgehen**
  - fachdidaktische und lernpsychologische Präzisierung der Standards
  - Erarbeitung von Richtlinien zur Entwicklung von Testaufgaben/Items
  - Testaufgabenentwicklung durch geschulte Lehrer
  - Begutachtung der Aufgaben durch Fachdidaktiker
  - Überarbeitung der Aufgaben
  - Normierung der Aufgaben

- **Entwicklung eines Kompetenzstufenmodells: Festlegung von Mindest-, Regel-
  und Optimalstandards**

  1. Mideststandard

  Minimum an Kompetenzen, das alle Schüler bis zu einem bestimmten
  Bildungsabschnitt erreicht haben sollten (in den meisten Fächern weitgehend
  basierend auf der sozialen Norm)

  2. Regelstandard

  Kompetenzen, die im Durchschnitt von den Schülern bis zu einem bestimmten
  Bildungsabschnitt erreicht werden sollen (kriteriale Norm)

  3. Regelstandard Plus

  Leistungsbereich, der über den Regelstandards liegt und als Zielperspektive für die
  Weiterentwicklung von Unterricht angesehen werden kann/liegt über dem
  Regelstandard

  4. Maximal/Optimalstandard

  Kompetenzen, die bei weitem die Erwartungen der Bildungsstandards übertreffen
  (in den meisten Fächern weitgehend basierend auf der sozialen Norm)

Kompetenzstufenmodell

Kompetenzstufe I   = unter dem Mindeststandard
Kompetenzstufe II   = Mindeststandard
Kompetenzstufe III   = Regelstandard
Kompetenzstufe IV   = Regelstandard Plus
Kompetenzstufe V   = Optimalstandard

Nebeninformation:

a) Internationale Schulleistungsstudien = PISA und IGLU

b) nationale Schulleistungsstudien   = IQB – Ländervergleiche

   - IQB-Ländervergleich: Evaluationskriterien

   - zentrale Indikatoren für „Excellence" und „Equity":

      - Leistungsniveaus (z.B.: Häufigkeiten der Kompetenzstufen,

       Mittelwerte)

      - Leistungsstreuung (Standardabweichung)

      - Zusammenhang zwischen Leistungen und Hintergrundmerkmalen:

         - sozioökonomischer Hintergrund

- Migrationshintergrund
- Geschlecht
- nationale Bildungsstandards beschreiben, welche (fachspezifischen)
  Kompetenzen SuS bis zu einer bestimmten Jahrgangsstufe erreicht
  haben sollen
- beschreiben/standardisieren NICHT die schulischen Lehr- und
  Lernprozesse um Bildungsstandards zu erreichen
c) Lernstanderhebungen   = VERA

- **Sind die Ländervergleichsstudien des IQB nur dann relevant, wenn sie neue Erkenntnisse erbringen?**
- Ziel = Monitoring
- primärer Fokus: Veränderungen über die Zeit, insbesondere im Bezug auf die Verteilung der Schüler auf die Kompetenzstufen
- Fokus auf kriteriale und individuelle BN

- **Sollten anstelle von Ländern soziostrukturell ähnliche Regionen miteinander verglichen werden?**
- Steuerung erfolgt nun einmal auf der Ebene von Länder
- denkbar wäre aber durchaus regionale Vergleiche miteinzubeziehen

- **Wie lassen sich Erkenntnisse über die Ursachen von Länderunterschieden gewinnen?**
- Zusatzanalysen und –studien, z.B.: systematische Beobachtungen in Schulen und im Unterricht